SAPERLI popette

Moitié de Poulet

et autres contes

Maquette intérieure : Hélène Lemaire

HATIER

SOMMAIRE

 ISBN 2 218 74234 9
Loi 49-956 du 16 juillet 1949 sur les publications destinées à la jeunesse.

CONTE TRADITIONNEL

MOITIÉ DE POULET

illustré par

Anne-Lise Boutin

Il y avait une fois une poulette si petite qu'on l'appelait Moitié de Poulet. À force de travailler et d'économiser, Moitié de Poulet avait amassé cent écus.

Le roi, qui avait toujours besoin d'argent, ne l'eut pas plus tôt appris qu'il vint les lui emprunter. La Moitié de Poulet était bien fière d'avoir prêté de l'argent au roi. Mais arriva une mauvaise année et Moitié de Poulet voulut ravoir son argent. Elle avait beau écrire lettre sur lettre au roi et aux ministres, personne ne lui répondait.

À la fin, elle prit la résolution d'aller chercher elle-même ses cent écus et se mit en route pour le palais du roi.

Sur le chemin, elle rencontra un renard.
« Où vas-tu, Moitié de Poulet ?
– Je vais chez le roi. Cent écus me doit.
– Prends-moi avec toi.
– Entre dans mon cou, je t'y porterai. »
Le renard entra dans son cou, et la voilà partie, toute joyeuse d'avoir fait plaisir au renard.

Un peu plus loin, elle rencontra un loup.
« Où vas-tu, Moitié de Poulet ?
– Je vais chez le roi. Cent écus me doit.
– Prends-moi avec toi.
– Entre dans mon cou, je t'y porterai. »
Le loup entra dans son cou et la voilà partie encore une fois. C'était un peu lourd ; mais la pensée que le loup était content de voyager lui donnait du courage.

Comme elle approchait du palais, elle trouva sur sa route une rivière.

« Où vas-tu, Moitié de Poulet ?

– Je vais chez le roi. Cent écus me doit.

– Prends-moi avec toi.

– Si tu peux tenir dans mon cou, je t'y porterai. »

La rivière se fit toute petite et se glissa dans son cou. La pauvrette avait bien de la peine à marcher, mais elle arriva pourtant à la porte du palais.

Toc ! toc ! toc !

Le portier mit la tête à sa fenêtre.

« Où vas-tu, Moitié de Poulet ?

– Je vais chez le roi. Cent écus me doit. »

Le portier eut pitié de la petite bête, qui avait un air tout innocent.

« Va-t'en, ma bellotte. Le roi n'aime pas qu'on le dérange. Mal en prend à qui s'y frotte.

– Ouvrez toujours, je lui parlerai. Il a mon argent, il me connaît bien. »

Quand on vint dire au roi que la Moitié de Poulet demandait à lui parler, il était à table avec ses courtisans. Il se prit à rire, car il se doutait bien de quoi il s'agissait.

« Ouvrez à ma chère amie, répondit-il, et qu'on la mette dans
le poulailler. »

La porte s'ouvrit et la chère amie du roi entra tout tranquillement, persuadée qu'on allait lui rendre son argent. Mais, au lieu de lui faire monter le grand escalier, on la mena vers une petite cour de côté. On leva un loquet, on la poussa, et crac ! ma Moitié de Poulet se trouva enfermée dans le poulailler.

Le coq, qui piquait dans une épluchure de salade, la regarda d'en haut sans rien dire. Mais les poules commencèrent à la poursuivre et à lui donner des coups de bec.

La Moitié de Poulet, qui était une petite personne paisible et rangée, se trouva bien effrayée au milieu de tant d'ennemies.

Elle courut se blottir dans un coin, et cria de toutes ses forces :
« Renard ! Renard ! sors de mon cou, ou je suis une petite poulette perdue. »
Le renard sortit de son cou et croqua toutes les poules.

La servante, qui portait à manger aux poules, ne trouva que les plumes en arrivant. Elle courut en pleurant prévenir le roi qui se fâcha tout rouge.

« Qu'on enferme cette enragée dans la bergerie », dit-il.

Dans la bergerie, la Moitié de Poulet était encore plus en péril que dans le poulailler. Les moutons, serrés les uns contre les autres, menaçaient à chaque instant de l'écraser sous leurs pieds. Elle s'abritait derrière un pilier, quand un gros bélier vint se coucher là et faillit l'étouffer.

« Loup ! cria-t-elle, Loup ! sors de mon cou, ou je suis une petite poulette perdue. »
Le loup sortit de son cou et, en un clin d'œil, étrangla tous les moutons.

Quand il apprit ce qui venait de se passer, la colère du roi ne connut plus de bornes. Il renversa les verres et les bouteilles, fit allumer un grand feu et envoya chercher une broche à la cuisine.
« Ah, la scélérate ! s'écria-t-il, je vais la faire rôtir pour lui apprendre à tout massacrer chez moi. »

On amena devant le feu la Moitié de Poulet, qui tremblait de tous ses membres. Déjà le roi brandissait la broche…

… quand Moitié de Poulet dit tout bas :
« Rivière ! Rivière ! sors de mon cou, ou je suis une petite poulette perdue. »
La rivière sortit de son cou, éteignit le feu et noya le roi avec tous ses courtisans.

La Moitié de Poulet, restée maîtresse du palais, chercha en vain ses cent écus : ils avaient été tous dépensés. Mais, comme il n'y avait plus personne sur le trône, elle monta dessus à la place du roi, et le peuple salua son avènement avec de grands cris de joie. Les gens étaient enchantés d'avoir une reine qui savait si bien économiser...

GRIMM

Les Musiciens de Brême

illustré par

Sylvain Frécon

Il était un homme qui possédait un âne, et cet âne avait vaillamment porté des sacs au moulin, pendant des années et des années ; mais il se faisait vieux et ses forces s'épuisaient, si bien que la pauvre bête devenait de plus en plus incapable de travailler. Son maître décida de ne plus le nourrir. Mais l'âne, devinant que rien de bon ne se préparait pour lui, se sauva et prit la route qui menait à Brême.

« Là-bas, pensa-t-il, je pourrai devenir musicien de la ville. »

Quand il eut fait un bout de chemin, il rencontra un chien couché sur la route, haletant comme s'il était épuisé d'avoir couru.

« Bonjour ! Après quel gibier t'es-tu ainsi fatigué ? demanda l'âne.

– Oh ! dit le chien, je suis vieux, je m'affaiblis un peu plus chaque jour et je ne chasse plus, alors mon maître a voulu me tuer ; je suis parti, mais comment gagnerai-je ma vie ?

– Écoute, dit l'âne, je vais à Brême pour être musicien municipal ; viens avec moi et apprends la musique. Je jouerai du luth et toi du tambour. »

Le chien trouva l'idée bonne, et ils se mirent en route.

Bientôt ils croisèrent un chat, assis au bord de la route, et triste comme trois jours de pluie.

« Eh bien, que t'arrive-t-il, mon vieux Moustache ? lui dit l'âne.
– Qui peut rire quand sa peau est en danger ? répondit le chat. Je ne suis plus jeune, mes dents sont usées, et j'aime mieux rêver et ronronner devant le feu que chasser les souris, alors ma maîtresse a voulu me noyer. J'ai réussi à me sauver, mais que vais-je devenir ? Les bons conseils sont rares ; dites-moi où je peux aller.

– Viens avec nous à Brême. Tu connais la musique ; tu deviendras musicien de la ville. »
Le chat trouva l'idée fameuse et se mit en chemin avec eux.

Peu après, les trois fugitifs arrivèrent devant un portail de ferme, où un coq chantait de toutes ses forces.

« Tu chantes à nous casser les oreilles, dit l'âne. Et pourquoi, s'il te plaît ?
– J'ai annoncé le beau temps, répondit le coq, car c'est le jour de lessive de ma bonne maîtresse et elle veut faire sécher son linge ; mais c'est demain dimanche, des invités sont attendus et ma maîtresse est sans pitié : elle a dit à la cuisinière de me mettre dans la soupe demain, et c'est ce soir que ma tête sera coupée. Alors je chante de toutes mes forces, tant qu'il est encore temps.

– Écoute, vieux Crête-Rouge, dit l'âne, viens donc avec nous ; nous allons à Brême, là-bas tu trouveras certainement un meilleur sort que d'avoir le cou tranché. Tu as une bonne voix et, si nous faisons ensemble de la musique, le résultat sera étonnant. » Le coq accepta l'invitation et ils s'en furent tous les quatre.

Mais ils ne pouvaient atteindre Brême en un jour, et le soir les trouva dans un bois où ils décidèrent de passer la nuit. L'âne et le chien s'allongèrent sous un grand arbre, mais le chat et le coq choisirent les branches – le coq se percha tout en haut, pour s'y sentir plus en sécurité. Avant de s'endormir, il examina les quatre coins de l'horizon et crut voir, dans le lointain, une petite lueur. Il cria à ses compagnons qu'il devait y avoir une maison non loin de là, car il voyait une lumière.

L'âne dit : « Eh bien ! levons-nous et allons-y, car la pension, ici, laisse un peu à désirer. »
Et le chien ajouta : « Oui, un os ou deux, avec un peu de viande autour, feraient mon délice. »

Les quatre amis se mirent donc en route vers cette lumière et arrivèrent bientôt devant une maison tout illuminée, où vivaient des brigands. L'âne, étant le plus grand, s'approcha de la fenêtre pour regarder.
« Que vois-tu, Barbe-Grise ? dit le coq.
– Ce que je vois ? répondit l'âne : une table couverte de mets et de boissons, et des brigands assis autour qui se régalent.
– Voilà qui nous conviendrait, dit le coq.
– Oui, merveilleusement, dit l'âne, si seulement nous étions à leur place. »
Les animaux discutèrent alors le moyen de chasser les brigands et se mirent enfin d'accord sur le plan qui leur parut le meilleur.

L'âne poserait ses pattes de devant sur le bord de la fenêtre, le chien grimperait sur son dos, le chat s'installerait sur le chien, et le coq irait se percher sur la tête du chat.

Quand ils furent ainsi disposés, au signal convenu, ils commencèrent leur musique. L'âne se mit à braire, le chien à aboyer, le chat à miauler et le coq s'égosilla ; puis, dans un fracas épouvantable, ils se précipitèrent dans la pièce, faisant voler en éclats toutes les vitres.

En entendant ce vacarme, les brigands bondirent sur leurs pieds et, persuadés qu'un fantôme était entré dans la pièce, s'enfuirent à toutes jambes.

Les quatre compagnons s'installèrent autour de la table, devant de bien beaux restes, et mangèrent comme s'ils devaient jeûner ensuite pendant un mois. Puis, quand le festin fut terminé, les musiciens éteignirent la lumière et chacun se chercha un endroit douillet et confortable pour dormir.

L'âne se coucha dans le hangar, le chien derrière la porte, le chat dans la cheminée, près des cendres tièdes, et le coq dans le poulailler ; et comme ils étaient tous très fatigués de cette longue journée, ils s'endormirent aussitôt.

Peu après minuit, les brigands, cachés au loin, virent qu'aucune lumière ne brillait plus dans la maison et que tout semblait calme.
Alors leur chef dit : « Nous n'aurions pas dû nous laisser effrayer pour si peu. »
Et il envoya l'un de ses hommes examiner la maison.

Celui-ci vit que tout était tranquille et se dirigea vers la cuisine pour allumer une bougie. Prenant les yeux brillants et farouches du chat pour des braises, il en approcha son allumette. Mais le chat, qui n'appréciait pas la plaisanterie, lui sauta au visage en crachant, toutes griffes dehors. L'homme, terrorisé, voulut

s'enfuir par la porte de derrière, mais le chien, couché là, bondit et lui mordit la jambe. Comme il détalait à travers la cour, l'âne lui assena une méchante ruade de ses pattes arrière ; et le coq, réveillé par le vacarme et déjà sur le qui-vive, s'égosilla du haut de son perchoir : « Cocorico ! Cocorico ! »

Le brigand prit ses jambes à son cou et revint vers son chef en s'écriant :

« Dans la maison, il y a une horrible sorcière qui m'a sauté au visage et griffé de ses ongles pointus ; et près de la porte, il y a un homme avec un poignard, qui m'a blessé à la jambe ; et dans le hangar, un monstre noir m'a frappé avec sa massue ; et sur le toit, était assis le juge, et il criait : "C'est un escroc ! C'est un escroc !" J'ai réussi à m'enfuir. »

Dès lors, les brigands n'eurent plus le cœur de revenir dans la maison ; mais les quatre musiciens s'y trouvèrent si bien qu'ils ne purent se décider à reprendre leur route et passèrent là le restant de leurs jours.

GRIMM

Grigrigredinmenufretin

illustré par

Babette Batteur

Il était une fois un méchant meunier qui avait une fille d'une grande beauté. Un jour qu'il se rendait à la ville, le meunier rencontra le roi. Désireux de se faire valoir, il dit au souverain :
« Ma fille, Sire, possède un don exceptionnel : en filant la paille, elle la transforme en or ! »
Or le roi aimait les richesses. Il donna l'ordre au meunier d'envoyer sa fille au palais sur-le-champ.

Quand la belle fut devant lui, le roi la mena dans une pièce où s'entassait de la paille. Il lui fit apporter des bobines, un rouet, et lui dit :
« Mets-toi vite au travail. Si demain matin cette paille n'est pas devenue de l'or, tu mourras ! »

Sur ces paroles, laissant la jeune fille, il ferma la porte à double tour.

Comment transformer cette paille en or ? La fille du meunier n'en avait pas la moindre idée. Restée seule, la malheureuse se sentit perdue et désemparée. Terrifiée par la menace du roi, elle éclata en sanglots.

La porte s'ouvrit soudain, laissant passer un tout petit homme.

« Bonsoir, demoiselle, lui dit-il. Pourquoi donc pleures-tu ?

– Le roi veut que je transforme cette paille en or en la filant au rouet, s'écria-t-elle, et je ne sais comment faire.

– Si je la file à ta place, demanda le petit homme, que me donneras-tu ?

– Mon collier. »

Le petit homme prit le collier que la jeune fille lui tendait et s'assit devant le rouet. Il fit tourner le rouet trois fois – hop, hop, hop ! – et la bobine fut entièrement recouverte de fil d'or. Il plaça une deuxième bobine et – hop, hop, hop ! – celle-là aussi fut garnie de fil d'or. Il continua ainsi jusqu'au matin. Des dizaines et des dizaines de bobines entouraient la fille du meunier.

Le roi vint au lever du jour et manifesta aussitôt sa surprise et sa joie. Mais la vue de tout cet or excita encore son désir de richesses.

Il mena donc la fille du meunier dans une autre pièce plus grande que la première et remplie de paille. Et il lui ordonna de la transformer en or avant l'aube, si elle tenait à la vie.

De nouveau, la fille du meunier, désespérée, se mit à pleurer. De nouveau, le petit homme ouvrit la porte et entra.

« Que me donneras-tu si je file cette paille pour toi ? lui demanda-t-il.

– La bague que je porte au doigt », répondit la jeune fille.

Le petit homme prit la bague et fit tourner le rouet – hop, hop, hop ! Avant la fin de la nuit, toute la paille était devenue fil d'or scintillant.

Peu après le lever du jour, le roi revint. Les bobines d'or empilées aux quatre coins de la pièce brillaient dans la lumière matinale.

Devant tant d'or, le roi se réjouit, mais il n'était pas satisfait. Il lui en fallait toujours plus !
Le roi emmena donc la fille du meunier dans une troisième pièce, plus grande encore que la précédente, où la paille atteignait presque le plafond.
« Il te faut filer tout cela cette nuit, lui dit-il. Si tu y parviens, tu seras ma femme. »
Il pensait, en effet, que nulle part au monde il ne trouverait plus précieuse épouse.

Quand le roi fut reparti, le petit homme apparut pour la troisième fois.

« Que me donneras-tu si je file cette paille ? demanda-t-il.

– Je n'ai plus rien ! répondit tristement la fille du meunier.

– Et bien, promets-moi, quand tu seras reine, de me donner ton premier enfant ! »

La jeune fille resta sans voix. Comment promettre une chose pareille ! Mais peut-être n'aurait-elle pas d'enfant, après tout, peut-être le petit homme oublierait-il... et, comme c'était le seul moyen de sauver sa vie, elle promit. Une fois encore, le petit homme s'installa devant le rouet et transforma toute la paille en or.

Le lendemain matin, voyant que la jeune fille avait exécuté ses ordres, le roi fut enchanté et il tint sa promesse. Il fit préparer les noces et, quelques jours plus tard, épousait la fille du meunier, qui devint la reine. L'année suivante, la reine mettait au monde un magnifique garçon. Elle ne pensait plus au petit homme, qui l'avait si bien aidée, et avait oublié sa promesse...

Mais, un beau soir, il apparut dans sa chambre et lui dit :
« Maintenant, donne-moi ce que tu me dois ! »
La reine le supplia : qu'il prenne tout le trésor royal s'il voulait, mais qu'il lui laisse son fils ! Il ne voulut rien entendre : c'était un être vivant qu'il voulait, bien à lui. Le désespoir de la reine était si grand que le petit homme finit par en être ému.
« Je te donne trois jours, lui dit-il. Si, d'ici là, tu as découvert mon nom, tu garderas ton fils. »

Longtemps, cette nuit-là, et toute la journée du lendemain, la reine chercha tous les prénoms qu'elle connaissait. Le soir, le petit homme était de retour. Commençant par Gaspard, Melchior, Balthazar, la reine lui cita l'un après l'autre tous les noms auxquels elle avait pensé. Mais pour chacun le petit homme répondait :

« Ce n'est pas mon nom. »

Le deuxième jour, la reine fit faire des recherches dans le voisinage, afin de découvrir de nouveaux noms. Et le soir, quand le petit homme arriva, elle lui proposa les noms les plus étranges :
« Ce n’est pas mon nom. »

La reine prit peur. Il ne lui restait plus qu’un seul jour. Elle envoya sa fidèle servante dans les bois. Si elle découvrait où demeurait le petit homme, peut-être apprendrait-elle son nom. Après avoir couru tout le pays, battu fourrés et clairières, la servante aperçut enfin le drôle de petit bonhomme au sommet d’une colline.

À cheval sur une cuillère de bois, il tournait autour d'un grand feu en criant :

Je distille ma bière, je cuis mon pain.
Bientôt le fils de la reine sera mien !
Car personne ne sait, croyez-le bien,
Que je m'appelle Grigrigredinmenufretin.

La servante s'en retourna au plus vite. À midi juste, elle atteignait le palais. On imagine la joie de la reine en entendant le nom du petit homme ! Celui-ci revint assez tard ce soir-là.
« Eh bien, madame la Reine, lui dit-il, connais-tu mon nom ou me donnes-tu ton fils ? »

Alors la reine demanda :
« Vous nommez-vous Jacquet ?
– Non.
– Vous nommez-vous Guillaume ?
– Non plus.
– Alors, dit la reine, serait-ce... Grigrigredinmenufretin ?
– Ah ! c'est le diable qui te l'a dit ! » hurla le petit homme.
Et, trépignant de rage, il sauta sur le manche de sa cuillère et s'envola avec une horrible grimace par la fenêtre ouverte.

Et jamais plus on n'entendit parler du petit homme.

CONTE TRADITIONNEL PAR MIREILLE DE RÉGLA

YOUSSEF, LE BRAVE ENFANT !

illustré par

Laurent Corvaisier

Tu sais ! me dit un jour mon vieil ami Rabah, je connais une histoire qui m'a été contée par un vieux taleb – un taleb est un écrivain public, faisant fonction de guérisseur ; si tu veux, je vais te la dire ! »
Je ne demandais pas mieux ! Alors, tout heureux, il commença ainsi :

Il était une fois un brave garçon qui s'appelait Youssef. Il était très fort pour son âge et travaillait dur, car sa mère était veuve et c'était lui qui s'occupait du petit lopin de terre qui leur appartenait.

Ce matin-là, il marchait d'un bon pas, car il lui fallait être à la ville très tôt. Sa chère maman l'avait chargé d'aller vendre les produits de leur élevage, c'est-à-dire les œufs, les légumes du jardin et le beurre qu'elle fabriquait avec le lait que lui fournissait l'unique vache qu'ils possédaient. Cela les aidait à vivre, oh, bien modestement !

Donc, il se dirigeait vers la ville, poussant une voiturette à bras sur laquelle étaient disposées les marchandises destinées à la vente.
Il traversait un petit bois, chantant à tue-tête afin de se donner du courage et s'engageait dans un chemin battu quand, arrivé près d'un grand hêtre, il vit, au pied de celui-ci, assise sur un talus, une très vieille femme, les deux mains appuyées sur un bâton, un gros fagot posé à terre à côté d'elle, et qui avait l'air bien fatiguée.

Le jeune Youssef, qui avait bon cœur, s'arrêta et lui dit d'un ton affectueux :
« Ô grand-mère ! Que fais-tu là si tôt dans ce bois ? La bise pique fort ce matin et tu vas prendre froid.
– Hélas ! mon garçon, lui dit la bonne vieille, mon fagot est bien lourd et je n'ai pas beaucoup de force.
– Si je puis t'aider, je le ferai volontiers dit Youssef.
– Merci de tout cœur, je ne demande pas mieux, mais je crois que tu es pressé.
– Je marcherai un peu plus vite, bonne vieille. »

Alors celle-ci, lui montrant du doigt, à travers les arbres, une petite maisonnette, lui dit :
« C'est ma demeure. Peux-tu me porter mon fagot jusque devant la porte ? »
L'enfant chargea le lourd fagot sur son épaule et se dirigea vers la demeure de la pauvre femme.
Il déchargea son fardeau sur le seuil.

La vieille femme le remercia vivement et lui dit d'un ton bienveillant :
« Tu es un brave enfant et je vais te faire un cadeau. Tiens, prends cette petite branche et, quand tu seras en difficulté, tu n'auras qu'à dire : "Branche, agis !" et elle t'obéira ! »
Puis la bonne vieille disparut tout à coup aux yeux stupéfaits de Youssef. Il posa avec précaution la petite branche dans la voiturette et reprit sa route.
Il suivait la rivière, toujours chantant car il avait le cœur gai, quand il s'entendit appeler :
« Youssef ! Youssef ! Au secours, par Allah ! »
Il regarda autour de lui et vit, sur un tapis de mousse, une jolie grenouille verte qui le regardait sans paraître effarouchée.

L'enfant se pencha vers elle, la prit dans sa main et vit que sa pauvre petite patte était prise dans des fils de liane et qu'elle se débattait pour s'en défaire car elle ne pouvait sauter.

Il ôta délicatement ces mauvaises herbes et la posa à terre. Elle se mit à sautiller de joie, et semblant chercher quelque chose sous la mousse, tendit à Youssef un joli coquillage nacré en lui disant :

« Tu es bon et je te remercie. Tiens, prends ce coquillage ; quand tu auras besoin de moi, tu n'auras qu'à le serrer dans ta main en disant : "Coquillage, agis !" Adieu et sois toujours bon ! » Puis elle disparut.
Le garçon, éberlué d'entendre parler une grenouille, haussa les épaules et reprit le chemin qui menait à la ville.

Il allait arriver à l'orée du bois quand il vit, au beau milieu du chemin, une couleuvre aux jolis reflets irisés qui paraissait morte.
Youssef savait qu'elle n'était pas dangereuse et, répugnant à blesser une pauvre bête, fût-ce un serpent, il fit faire un détour à sa voiturette.
Alors il s'entendit appeler encore une fois :
« Youssef, merci de ne pas m'avoir écrasée ! »

Il baissa les yeux et vit, à sa grande stupeur, la couleuvre se transformer en une belle dame qui lui dit affectueusement :
« Je suis Meriem, la protectrice de ces bois ! Je te connais bien, car je te vois souvent passer par là ; tu es un brave enfant et un bon petit cœur. C'est moi que tu as vue sous les traits de la vieille femme et de la grenouille, et j'ai voulu te mettre une dernière fois à l'épreuve en prenant la forme de ce serpent, qu'un autre enfant aurait écrasé. Aussi vais-je te donner un dernier talisman, il apportera plein de bonheur dans ta maison. »

Elle lui tendit une bourse faite d'une peau de serpent. « Je sais que tu n'abuseras pas du pouvoir que je te donne. Tu diras : "Bourse, remplis-toi", et tu auras une surprise agréable. Adieu, et reste toujours le brave enfant que tu es, mais n'oublie surtout pas d'invoquer Allah à chacun de tes souhaits. »

Elle disparut aux yeux de l'enfant, qui sortit enfin du bois après avoir mis la bourse dans sa poche. Il atteignit la ville et se dirigea vers le marché. Arrivé à l'emplacement qui lui était réservé chaque semaine, il étala avec soin sa bonne marchandise et, en un rien de temps, liquida le tout, car il était fort connu et l'on savait que ses légumes étaient frais cueillis, son beurre parfumé à la bonne herbe et ses œufs du jour.

Alors, il remit les cageots vides dans sa voiturette, serra l'argent dans un petit sac qu'il portait pendu à son cou et reprit, en sifflant gaiement, le chemin par lequel il était venu.

Il arriva au milieu du bois et soudain entendit derrière lui des pas précipités.
Il n'eut pas le temps de se retourner, car il se sentit saisir au collet et vit avec terreur deux grands diables d'hommes à l'air menaçant !
L'un d'eux lui dit alors brutalement :
« Donne-nous ton argent et vite !
– Non ! s'écria le pauvret en se débattant, mais, hélas ! il n'était pas le plus fort et allait succomber quand, se souvenant de la petite branche, il s'écria : Branche, agis ! par Allah ! »

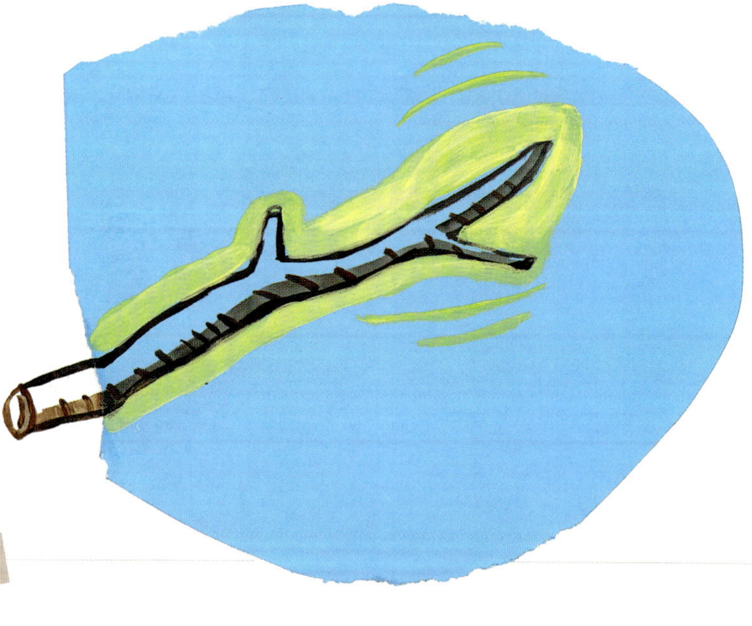

Aussitôt, celle-ci sauta de la voiturette et se mit à fustiger les deux compères, frappant de-ci, frappant de-là, tant et si bien qu'ils se sauvèrent en courant.

Mais, d'une poussée, l'un des méchants bandits jeta notre pauvre Youssef dans la rivière, très profonde à cet endroit.

Il allait se noyer quand il se rappela la petite grenouille et, réussissant à sortir le coquillage de sa poche, il s'écria :

« Coquillage, agis ! par Allah ! »

Des grenouilles en très grand nombre sortirent de l'onde et firent au garçon un épais tapis qui le souleva au-dessus de l'eau. Elles le menèrent au bord de la rive et disparurent dès qu'il eut pris pied sur la berge.

Il se remit péniblement debout et son premier geste fut de toucher sur sa poitrine le petit sac dans lequel était l'argent de la vente.
Mais celui-ci avait disparu !
Il avait dû se détacher tandis que le pauvre enfant se débattait dans la rivière et le courant l'avait sans nul doute entraîné bien loin !
Tristement, il reprit sa route et arriva chez lui, le cœur très gros.

Il conta ses aventures à sa mère puis, se souvenant de la bourse en peau de serpent, il la sortit de sa poche, la posa sur la table et murmura :
« Bourse, remplis-toi ! par Allah ! »
Ces paroles à peine prononcées, de la bourse sortit une pluie de pièces d'or qui roulèrent sur le sol, sous les yeux ébahis et émerveillés de Youssef et de sa mère. Comme ils étaient heureux !

Ils remercièrent dans le fond de leur cœur la gentille Meriem et purent, grâce à cette fortune, faire beaucoup de bien autour d'eux.

Achevé d'imprimer en France par CLERC S.A. - 18200 Saint-Amand-Montrond
Dépôt légal n° 35806 - Juin 2003